LA LIBERTÉ

D'ASSOCIATION

Étude politique, économique, morale

par J. ASCONÉGUY

La question ouvrière est celle qui préoccupe
l'homme d'État comme l'homme de science, et
notre société ne jouira de la paix que lorsqu'elle
aura été résolue.
Lettre du P. Hyacinthe du 29 mai 1871.

Prix : 75 centimes

BORDEAUX

IMP. DUVERDIER & Cie (DURAND, DIRECTEUR), RUE GOUVION, 7.

1871

LA LIBERTÉ

D'ASSOCIATION

LA LIBERTÉ

D'ASSOCIATION

Étude politique, économique, morale

par J. ASCONÉGUY

> La question ouvrière est celle qui préoccupe
> l'homme d'État comme l'homme de science, et
> notre société ne jouira de la paix que lorsqu'elle
> aura été résolue.
> Lettre du P. Hyacinthe du 29 mai 1871.

Prix : 75 centimes

BORDEAUX
IMP. DUVERDIER & Cie (DURAND, DIRECTEUR), RUE GOUVION, 7.

1871

LA

LIBERTÉ D'ASSOCIATION

I

Parmi les réformes qu'il est du devoir de la République de réaliser, il faut incontestablement placer en première ligne l'abrogation des dispositions légales restrictives du droit d'association, de la liberté la plus essentielle, selon nous, pour l'évolution progressive des sociétés.

La révolution de 1789, dans son œuvre gigantesque et profondément mûrie d'affranchissement, reconnut le droit d'association en ces termes : « Les citoyens ont le droit de former entre eux des sociétés libres à la charge d'observer les lois qui régissent tous les citoyens. »

Cet article du code révolutionnaire, qui renferme à nos yeux la plus sérieuse garantie de la liberté, fut sanctionné par le décret du 25 juillet 1793, prononçant des peines rigoureuses contre les fonctionnaires qui mettraient obstacle à ces réunions *permanentes,* qu'on nous permette le mot, puisque la réunion proprement dite n'est qu'un fait accidentel, sans portée, oserons-nous avancer, tandis que l'association représente la solidarité de tous les citoyens intéressés à la bonne administration de la chose publique.

Le principe rationnel qui présida à la confection de cette loi éprouva bientôt une déviation. La Constitution du 5 fructidor an III de la République vint interdire aux sociétés, « s'occupant des questions politiques », de correspondre entre elles, de s'affilier les unes aux autres, de tenir des séances publiques composées de deux publics distincts, d'un côté, les sociétaires, de l'autre, de simples assistants, de stipuler des conditions d'admission et d'éligibilité, de s'arroger des droits d'exclusion, enfin, de faire porter à leurs membres aucun signe extérieur de leur association.

Encore aujourd'hui nombre d'esprits timides ou irréfléchis, nous ne parlons pas des intéressés, trouveront sages ces dispositions, qu'en partisan de la liberté nous déclarons être pernicieuses, sinon fatales. Est-il donc si difficile de reconnaître que les gouvernants de 1793, républicains travestis en despotes, transformaient la loi au gré de leur caprice?

Mais poursuivons l'historique du droit d'association. La loi du 5 thermidor an V de la République, issue d'un pouvoir que la postérité a suffisamment jugé, prohiba complétement les associations et menaça d'infliger à leurs membres les peines édictées contre les émeutiers.

Désormais, à notre sens, toutes les tyrannies, quels que soient les noms dont elles se décorent, sont possibles, et les gouvernements qui se succèdent voguent à toutes voiles vers le premier Empire, c'est-à-dire vers le despotisme le plus absolu, le plus brutal qui fut jamais.

Napoléon Ier supprima naturellement d'un trait de plume le droit d'association, et le citoyen, privé de ce droit précieux, la plus solide garantie de la liberté individuelle, se trouva désarmé, sans force, en face de l'écrasante puissance de l'État.

Les législateurs de 1810 élaborèrent les articles suivants dont nous tirerons la conclusion dans le cours de notre sommaire étude :

CODE PÉNAL. — Art. 291. — Nulle association de plus de vingt personnes, dont le but sera de se réunir tous les jours ou à certains jours marqués pour s'occuper d'objets religieux, littéraires, politiques ou autres, ne pourra se former qu'avec l'agrément du gouvernement et sous les conditions qu'il plaira à l'autorité publique d'imposer à la société.

Dans le nombre de personnes indiqué par le précédent article ne sont pas comprises celles qui ont leur domicile dans la maison où l'association se réunit.

Art. 292. — Toute association de la nature ci-dessus qui se sera formée sans autorisation, ou qui, après l'avoir obtenue, aura enfreint les conditions à elle imposée, sera dissoute.

Les chefs, directeurs ou administrateurs de l'association seront, en outre, punis d'une amende de 16 à 200 fr.

Art. 293. — Si par discours, exhortations, invocations ou prières, en quelque langue que ce soit, ou par lecture, affiches, publication ou distribution d'écrits quelconques, il a été fait dans ces assemblées quelque provocation à des crimes ou à des délits, la peine sera de 100 à 300 fr. d'amende et de 3 mois à 2 ans d'emprisonnement contre les chefs, directeurs et administrateurs de ces associations, sans préjudice des peines plus fortes qui seraient portées par la loi contre les individus personnellement coupables de la provocation, lesquels, en aucun cas, ne pourront être punis d'une peine moindre que celle qui est infligée aux chefs, directeurs ou administrateurs de l'association.

Art. 294. — Tout individu qui, sans la permission de l'autorité municipale, aura accordé ou consenti l'usage de sa maison ou de son appartement, en tout ou en partie, pour la réunion des membres d'une association, même autorisée, ou pour l'exercice d'un culte, sera puni d'une amende de 16 à 200 fr.

Ces pénalités, quoique déjà suffisamment rigoureuses, furent encore aggravées par la loi de 1834, dont nous nous occupons dans le chapitre suivant.

II

La loi de 1834, dont nous expliquerons tout à l'heure la portée, fut inspirée par la peur, cette mauvaise conseillère des gouvernements qui considèrent leur origine comme entachée d'un vice qui tôt ou tard doit causer leur ruine. Il ne faut pas oublier que Louis-Philippe fut en effet un monarque de hasard, apparaissant aux yeux des timides, qui redoutaient les conséquences rigoureuses de leurs théories politiques, comme une planche momentanée de sa-

lut, tandis qu'au point de vue des ambitions que
devait nécessairement éveiller l'avénement d'un état
de choses nouveau, le fils de Philippe-Égalité était
le seul homme qui pût aspirer à monter les degrés
du trône que de violentes tempêtes ont si souvent
ébranlé.

Après les journées de juillet 1830, le même peuple, qui avait vaillamment combattu pour le main-
tien des droits que consacrait la Charte, se vit privé
de toute participation aux affaires publiques, et une
Chambre sans mandat transforma le titre de lieute-
nant-général, provisoirement conféré au duc d'Or-
léans, en celui de roi des Français. Sans ôter aux
221 qui protestèrent contre les ordonnances de
Charles X le mérite que leur valut cette courageuse
action, il n'en faut pas moins sévèrement les blâmer
de n'avoir point fait appel au peuple qui venait de
les aider si puissamment dans la réalisation de leurs
projets politiques.

La nouvelle monarchie, proclamée le 7 août, fut
mal accueillie par la population de Paris, qui se
voyait enlever les fruits si chèrement achetés d'une
glorieuse conquête. Des murmures éclatèrent et des
placards séditieux se montrèrent sur les murs de la
capitale comme une menace que le temps s'est
chargé d'accomplir.

Une situation si mal établie ne pouvait que com-
porter les troubles, les émeutes, les insurrections qui
ne cessèrent de se produire durant les premières années d'un règne si tourmenté. De là, les lois restrictives dont font partie les modifications apportées par
la loi de 1834 au droit d'association, même renfermé
dans les étroites limites tracées par le Code pénal.

Il est certain que, si au point de vue du droit absolu les articles 291, 292, 293 et 294 contenaient
une entrave très-sérieuse à la liberté, ils laissaient
cependant au citoyen une faculté qui a permis sous
la Restauration l'organisation du carbonarisme. Le
code n'interdisait pas l'affiliation d'une société de
de vingt personnes au plus avec une autre société
composée d'un même nombre de membres. Cet
avantage disparut en 1834. En outre, les articles pré-
cités ne concernaient que les réunions ayant lieu
tous les jours ou à certains jours marqués. On de-
vine aisément combien il était facile de tenir des
séances à des époques irrégulières ou non détermi-
nées d'avance. La loi de 1834 prévit le cas, le frap-
pant de pénalités.

Le législateur jugea également utile d'augmenter
et d'étendre les peines portées par la loi qu'il modi-
fiait. Ainsi l'amende qu'encouraient les chefs, directeurs et administrateurs de la société illicite fut élevée de 50 à 1,000 fr. au lieu de 16 à 200. Un emprisonnement de deux mois à une année vint couronner
cette législation draconnienne.

Une garantie bien minime en vérité, mais qui
nous a été retirée depuis avec tant d'autres, fut cependant stipulée dans la loi. Le jugement des délits
dont nous nous occupons fut déféré au jury, tandis
que sous le régime actuel (¹) il appartient aux tribunaux correctionnels qui appliquent la loi avec beaucoup plus de sévérité.

Nous le demandons maintenant à tous ceux qui
jettent un coup d'œil impartial sur l'histoire de no-

(¹) La législation impériale n'est pas encore abrogée.

tre pays : toutes les restrictions, toutes les mesures répressives adoptées par la monarchie de 1830 l'ont-elles préservée d'une chute bien méritée? Elles l'ont peut-être retardée au détriment de la France, mais, à coup sûr, toutes les lois de répression eussent été impuissantes à faire disparaître le vice radical qui minait sourdement les institutions politiques de cette époque.

A chacun sa tâche. La génération qui vit se fonder la royauté de la branche cadette sut fièrement relever le défi qui coûta le trône à Charles X; la génération suivante continua l'œuvre d'émancipation imparfaitement accomplie par ses pères. Le 24 février 1848 fut une éclatante revanche du 7 août 1830.

Il nous reste à examiner ce que la deuxième République et le second empire ont fait du droit d'association.

III

Ceux qui nous font l'honneur de nous lire ont reconnu l'impartialité qui nous guide dans l'étude évidemment incomplète que nous avons entreprise. Notre but est des plus simples; nous cherchons à inspirer l'amour de toutes les libertés et à établir que, sans le droit d'association, la liberté ne peut être que précaire et mal assurée. Que sont les forces individuelles, isolées, éparpillées sans lien entre elles, dans notre système social et politique? Rien, ou presque rien. — Que doivent-elles être? Tout. Il n'y a de vraie liberté que là où les individus, les citoyens peuvent librement, quand et comme il leur plaît, se grouper, se réunir, s'associer, soit dans un inté- rêt politique, soit pour une œuvre purement morale ou religieuse, soit enfin en vue d'intérêts privés, industriels et commerciaux. C'est pourquoi nous de- vons réclamer obstinément le libre exercice du droit d'association.

Et qu'on ne vienne pas invoquer les nécessités de l'ordre social, lesquelles, selon une opinion peu suspecte, celle de Frédéric Bastiat, ne sauraient jus- tifier la violation de la justice. Dans un moment d'effroi que nous ne concevons que trop, en 1850, l'éminent économiste s'écriait en des termes qui nous échappent mais dont nous nous rappelons suf- fisamment le sens : La loi pervertie sous prétexte d'ordre social, c'est l'acheminement à la perte du sens moral d'une nation, à sa dégradation et à sa décadence à la suite de longs malheurs.

Cette prédiction qui n'est pas d'un pessimiste, doit nous engager à revendiquer nos droits et à concou- rir ainsi à nous relever de l'état d'infériorité où nous sommes tombés.

Nous répondions il y a un instant à l'objection fa- vorite de nos adversaires. Il est encore un moyen de les mettre dans l'impossibilité de nier davantage le principe fécond de la liberté si heureusement im- planté dans d'autres pays. Toute leur science politi- que a-t-elle prévenu les catastrophes périodiques dont l'histoire contient le récit? Allons donc! Ces conservateurs à tous crins, myopes incurables, n'eussent-il pas mieux fait de rechercher l'ordre dans l'harmonie, c'est-à-dire dans la liberté, plutôt que d'essayer inutilement de le découvrir dans l'oppression d'une classe de la société par l'autre? Ne se fussent-ils pas épargné le déboire d'être opprimés à leur tour et leur sécurité ne serait-elle pas complète aujourd'hui qu'ils jettent sur l'horizon politique des regards qui n'expriment précisément pas la quiétude la plus parfaite?

Nous nous résumons : Les prétendus hommes d'ordre, les conservateurs n'ont rien fondé, malgré les blessures profondes qu'ils ont faites à la liberté. Le lendemain de toutes les réactions, ils ont cru voir l'avenir dans leurs mains, mais comme le spectre de Banco, les classes opprimées sont venues les interrompre au milieu de leurs satisfactions injustes.

La révolution de février fut un de ces retours, hélas! trop passagers, vers les principes de justice et de liberté. A son éternel honneur, le seul reproche qu'on lui ait adressé est celui d'avoir péché par excès de mansuétude. Et comment eût-elle agi autrement? Ses plus mortels ennemis, cachant momentanément leurs funestes projets, l'accablaient de leurs embrassements; d'une extrémité de la France à l'autre l'appel à la concorde semblait avoir été entendu, et, chose assurément digne d'admiration, les classes, populaires, quoique agitées par les théories socialistes (système d'utopies dangeureuses, négation formelle de la liberté), se comportaient avec une sagesse qui légitimait le nouvel état social. Ce baiser Lamourette fut de bien courte durée, et bientôt tous les supȯôts des régimes disparus, ayant pénétré au cœur de la place et démasqué leurs batteries, convertirent ce terrain de conciliation en un champ clos de haineuses rivalités.

Qu'il nous soit permis de le déclarer hautement :
la conscience publique en France ne se révolte pas
assez à la vue de ces trahisons intérieures qui font
peut-être plus de mal à notre pays que certaines dé-
fections devant l'étranger. Nous oublions trop souvent que chacune des libertés dont nous jouissons a
été arrosée du sang et des larmes de nos pères et
qu'il est souverainement coupable de ne point con-
server intact, pour le transmettre à nos successeurs,
le précieux héritage qui nous a été légué.

Fidèle au principe qui lui avait donné naissance,
la République de 1848 proclama le droit d'association, tout en édictant des pénalités contre les sociétés
secrètes. On a reproché très à tort, selon nous, cette
restriction à la Constituante. On conviendra néanmoins que les sociétés secrètes, issues d'un régime
de compression, devenaient inutiles dès que la faculté de se réunir et de s'associer nous était rendue.
Les malfaiteurs aiment l'ombre et le mystère, mais
un citoyen libre et profondément dévoué à son pays
exerce publiquement ses droits sous la protection
des lois.

D'ailleurs, cette accusation doit être rangée au
nombre de celles que des gens, qui se sont montrés
beaucoup moins méticuleux depuis, forgeaient dans
un but facile à deviner.

Justice est fort heureusement déjà faite de ces
malveillantes imputations, et la vérité a réduit à
néant toutes les calomnies dirigées contre une époque, non exempte de fautes, sans nul doute, mais
non dépourvue de mérite et de grandeur.

Il nous reste à discuter sur le droit d'association
considéré au point de vue économique et à établir

entre la France et les nations étrangères un parallèle qui, il faut l'avouer en toute sincérité, n'est pas à l'avantage de notre pays. Telles est la partie la plus importante de la tâche que nous nous sommes imposée.

IV.

Nous voici en 1851. L'ère impériale s'ouvre et la liberté, reniée par un peuple inconstant, sacrifiée par une bourgeoisie que la peur aveugle et affole, maudite par les cléricaux, qui croient le moment venu de monter à l'assaut du monde moderne et qui se flattent du vain espoir de reconquérir leur ancienne domination sur les masses, honnie, bafouée, vilipendée, accusée de tous les crimes, portant la peine de toutes les fautes commises, de toutes les erreurs propagées, de tous les mécomptes éprouvés, de toutes les hypocrisies trompées, de toutes les perfidies dévoilées, de toutes les lâchetés mises à nu, la liberté se meurt, la liberté expire.

On conçoit que la liberté d'association n'échappa point au désastre. Elle périt en effet sous le coup de toutes les lois de répression inventées par les régimes tombés. Les articles du code furent combinés avec la loi de 1834 et les peines rigoureuses qu'encouraient les sociétés secrètes vinrent prendre place dans cet arsenal formidable.

La constitution, déclarée perfectible, de 1852 ne modifia en rien cette législation; mais comme la tendance du pouvoir absolu est de tout envahir à son profit et au détriment des droits individuels, l'action de l'Etat s'égara en 1856 jusqu'au point de soumettre à l'autorisation les sociétés industrielles et commerciales qui prendraient la forme de l'anonymat.

Cette faute fut d'autant plus inexplicable qu'on avait sous les yeux l'exemple des États-Unis d'Amériques et de l'Angleterre où pullulent les sociétés anonymes sans que l'État intervienne dans leur fondation. On nous objectera que ces deux grandes nations comprennent autrement que nous la seule et véritable mission des pouvoirs publics; que, tandis qu'en France la machine gouvernementale est d'une très-savante complication, on est tenté de sourire à la vue du mécanisme primitif en usage chez nos voisins à la satisfaction générale.

Quoi qu'il en soit, la loi de 1856 n'eut d'autre effet que d'engager la responsabilité morale du gouvernement sans utilité pour ceux qu'il prétendait protéger. Les pauvres actionnaires, se méprenant sur le sens de l'autorisation accordée par l'État à telle ou telle entreprise, déliaient les cordons de leur bourse avec un empressement qui s'est modéré depuis. A la suite de cette triste expérience on sentit enfin qu'on avait fait fausse route et une nouvelle loi votée en 1865 supprima la nécessité de l'autorisation.

En considérant les éminents services que sont appelées à rendre dans un pays où les fortunes sont divisées, les sociétés anonymes, on ne peut que souhaiter leur libre dévelopement. Les inconvénients qui se sont révélés sous l'empire de la législation de 1856 resteront comme un enseignement salutaire et convertiront peut-être au système de la liberté uniquement tempérée par le droit commun, les person-

nes qui se croient tenues par leur situation à exercer sur toutes choses une tutelle moins utile que
préjudiciable. Si des fraudes se commettent, si des
avantages sciemment exagérés sont offerts comme
appât au public crédule, la répression de ces ma-
nœuvres appartient aux tribunaux. Donc, plus de
lois spéciales et, en cette circonstance comme en
toutes autres, qu'on se borne à l'application du droit
commun.

Parlons maintenant de l'ingérence de l'État dans
la formation des sociétés de secours mutuels et
voyons comment elle s'exerce. Le décret de 1852
contient l'article suivant : « Toute Société de secours
mutuels doit, pour être approuvée, réserver à l'Em-
pereur la nomination de son président, consacrer
l'admission des membres honoraires, ne promettre
des secours qu'en cas d'accident, de maladie ou d'infirmités, stipuler que le nombre des membres participants ne peut excéder 500. »

En vérité, il faut que la manie de règlementation
ait été poussée bien loin à une certaine époque pour
que de telles dispositions aient pu être adoptées.
Elles renferment, selon nous, trois points qui sont
autant d'obstacles à la propagation des sociétés de
secours mutuels.

Et d'abord que signifie une Association à laquelle
on retire le droit de se constituer selon la volonté
générale et de nommer son président, c'est-à-dire
celui dont le choix est de nature à exercer une sérieuse influence sur la société? En second lieu, est-
il digne d'une nation démocratique de voir se subs-
tituer la charité à la mutualité, la bienfaisance à la
prévoyance, par l'adjonction obligée de membres ho-

noraires? La dignité de l'ouvrier ne mérite-t-elle pas d'être respectée-à l'égal de celle du riche, et là où les efforts du salarié suffisent pour faire face aux éventualités de l'avenir, pourquoi le décret introduit-il un principe essentiellement vicieux dans un pays de suffrage universel?

Enfin, pourquoi cette défense de ne promettre des secours qu'en cas d'accident, de maladie ou d'infirmité, de stipuler que le nombre des membres participants ne peut excéder 500? Il fallait en réalité être d'une inconséquence impardonnable pour décréter de semblables interdictions après avoir inscrit en tête d'une constitution la reconnaissance des principes de 1789.

Admettons qu'il plaise à une réunion d'ouvriers, d'employés, de se former en société, non-seulement pour les cas d'accident, de maladie, d'infirmité, mais encore de chômage, d'avances sur salaires, de prêts sur gage, etc..., la loi, du haut de son autorité, s'oppose à l'exécution d'un tel projet. Cependant, vous n'agissez pas en mauvais citoyens; rien, sinon la loi, qui doit toujours être l'expression de la justice, ne peut rendre votre désir coupable ni injuste; n'importe, vous voilà réduit à ne compter que sur vos propres forces dans un isolement où elle ne peuvent être que stériles.

Franchement, cette situation est bien triste, et c'est quand on y a mûrement réfléchi qu'on regrette amèrement l'absence de la liberté d'association.

Maintenant, nous exprimerons nos idées sur les sociétés coopératives et sur l'avenir qui leur est réservé.

V

Quelque nombreux qu'aient été et que soient les déboires, les tristesses, les découragements passagers qui résultent de l'exil de nos franchises politiques, il existe encore certains faits ou plutôt certains symptômes qui nous ordonnent de croire à l'avenir et aux compensations qu'il ne saurait manquer de nous réserver.

Parmi les indices d'un temps meilleur, il faut ranger l'idée qui a donné naissance à la formation des sociétés coopératives. Cet instrument d'émancipation des classes laborieuses mérite certainement qu'on lui consacre un historique assez étendu.

Nous l'avons déjà exprimé et il ne nous en coûte nullement de le répéter : les théories socialistes paraissent à tout homme sensé la négation formelle de la liberté. Le rêve chimérique de l'égalité des salaires, de leur répartition par l'État qui se ferait ainsi le collecteur et le distributeur de la fortune publique a pu, par le talent de philosophes et d'écrivains éminents, séduire l'esprit des masses dans un moment de bouleversement politique; mais, n'en déplaise aux frayeurs folles qui nous engagent dans les réactions les plus dangereuses, les sociétés, dans leur instinct de conservation, qui n'implique aucunement la haine du progrès, ne sont pas à la merci des doctrines, des systèmes, susceptibles de causer leur ruine.

Nous ne nions pas, par cela même, que le socialisme, prêché à une époque de fermentation populaire, n'ait pu inspirer des craintes irréfléchies et nuire à l'établissement définitif de la liberté. Il serait aveugle de partager ce sentiment, et nous sommes trop édifiés sur le parti que nos ennemis ont eu l'habileté de tirer de cette situation pour ne pas avouer que nous en avons beaucoup souffert.

Grâce aux progrès incessants de la raison publique, nous n'avons, du moins le pensons-nous, rien à redouter désormais sur ce point. Le problème social a trouvé sur le terrain de l'association une solution qui, loin de menacer l'existence dè la société, lui promet un concours de nature à décupler, peut-être, la prospérité, et partant, la sécurité générale.

En quoi consiste l'association coopérative, quels sont ses moyens d'action et quel est le but qu'elle veut et qu'elle doit atteindre? Répondre à cette triple question d'une façon claire et précise, telle est la partie essentielle de notre tâche.

Nous aurons expliqué en un mot ce qu'il faut entendre par société coopérative, lorsque nous aurons présenté cette définition : association ouvrière de crédit mutuel. Ces associations prennent trois formes désignées par ces termes : sociétés de consommation, de crédit et de production.

A peine est-il besoin de dire que la première de ces catégories s'applique à l'alimentation populaire, la seconde à la création de banques de crédit aux travailleurs, et la troisième à la fondation d'ateliers, au besoin, de manufactures, où le principe de l'association remplace celui de la direction personnelle.

Les sociétés de consommation peu répandues en France jusqu'à ce jour, sont fondées en vue de soustraire l'ouvrier aux dépenses qui l'accablent, quand, par suite de sa position isolée, et à défaut de ressources suffisantes, il est obligé d'avoir recours au petit détaillant. Il est obligé de comprendre que l'achat des denrées, fait en gros par le secours de l'association, constitue pour le travailleur une économie très-sensible quand il n'a pas encore pour effet de lui procurer une alimentation de qualité supérieure. Sans nous étendre davantage sur ce point, empruntons à un excellent ouvrage de M. Eugène Véron, *les Associations ouvrières,* un passage de nature à prouver éloquemment les avantages véritablement extraordinaires qui sont le fruit de semblables institutions :

« Au mois de novembre 1843, quelques tisserands de la petite ville de Rochdale, à bout de ressources, après avoir épuisé inutilement tous les moyens qu'ils croyaient propres à augmenter leurs salaires, s'avisèrent que, s'ils ne pouvaient accroître leurs recettes, il serait peut-être bien possible de diminuer leurs dépenses. Rien, en effet, ne paraissait plus facile ; il suffisait d'acheter en gros au lieu de se faire écorcher par les détaillants. Pour mettre à exécution cette heureuse idée, il ne leur manquait que de l'argent. Ce n'est pas là ce qui devait les arrêter. Ils décidèrent que chacun d'eux (ils étaient vingt-huit) préléverait chaque semaine sur son salaire la somme de 20 centimes.

A la fin de 1844, la société passa son acte définitif de constitution portant qu'elle se proposait :

1° D'établir un magasin pour la vente des provisions et des vêtements ;

2° De construire ou d'acheter des maisons saines et commodes pour les associés ;

2

3° De fabriquer les produits les plus nécessaires, afin de les avoir ainsi à meilleur marché encore que par l'achat en gros et pour procurer de l'ouvrage à ceux de ses membres qui seraient sans travail ou qui souffriraient d'une trop grande réduction dans leurs salaires;

4° D'acquérir par achat ou par fermage des terrains qui seraient d'abord cultivés par les bras inoccupés et qui seraient ensuite partagés en propriétés individuelles entre les associés;

5° De consacrer une partie des bénéfices futurs à la création d'établissements communs pour l'instruction et le développement moral des membres de l'association;

6° Enfin, aussitôt que faire se pourra, la société s'occupera d'organiser la production, la distribution du travail et des fruits du travail, l'éducation, le gouvernement, ou en d'autres termes, de fonder une colonie intérieure unie d'intérêts, se suffisant à elle-même, et d'aider d'autres sociétés à en créer de semblables.

On le voit, le programme était vaste. Néanmoins devinez quelle était à cette époque l'importance du fonds social des ouvriers de Rochdale : elle ne dépassait pas 700 fr. »

Ainsi que le dit plus loin M. Véron, on n'eut pas manqué de rire en France de prétentions aussi exorbitantes pour un capital aussi mince. Mais la race anglo-saxonne ne connaît pas les défaillances qui nous sont habituelles. Ce fait explique pourquoi, après des alternatives de revers et de succès et surtout après la crise qui atteignit en 1862 l'industrie cotonnière, crise pendant laquelle le capital de la société fut diminué de 394,150 fr. qui servirent au soulagement de misères que les ouvriers n'eussent pu combattre sans leur prévoyance; cela explique pourquoi en 1859 l'association se composait de 3,000 membres possédant 750,000 fr., faisant un chiffre d'affaires de 2,500,000 fr. et réalisant annuellement 250,000 fr. de bénéfices. En face de ces résultats, qu'on ose mettre en doute la puissance du levier appelé association! Sans tenir compte des avantages que cette situation promet pour l'avenir, que penser des combinaisons qui permettent dès ce moment à chacun des ouvriers de Rochdale de posséder un petit fonds de réserve pour les éventualités de maladie, de chômage, d'infirmités ou d'accident, après avoir joui d'une véritable amélioration de leur sort durant une période de quinze années.

Mais, si favorables que ces conséquences soient, elles ne sont pas les seules dues au régime de la coopération. Afin de donner un simple aperçu des progrès accomplis ailleurs, nous allons passer à l'institution des banques de crédit au travail que M. Schulze-Delitzsch a fondées en Allemagne grâce à une activité, une persévérance et un zèle, qui ont rendu son nom très-populaire en Germanie.

VI

Avant de faire connaître les moyens d'application des banques du Crédit industriel en Allemagne par les soins intelligents et dévoués de M. Schulze-Delitzsch, il est utile, indispensable même d'exposer

en quelques mots les avantages du Crédit et les obstacles, que nous n'hésitons pas à déclarer insurmon-
tables, qui empêchent actuellement le prolétaire d'y
avoir recours en France.

Personne n'ignore les appels multipliés faits dans
ces derniers temps aux petits capitaux dans l'intérêt d'entreprises hasardeuses et d'audacieuses spécu-
lations.

Nous nous bornons à plaindre ceux qui en ont été
victimes, tout en faisant des vœux pour qu'ils pro-
fitent des leçons de l'expérience, laquelle a dû faire
entrer dans leur esprit que les dividendes démesurés,
les primes extraordinaires offertes à leur amour exa-
géré du gain, ne sont pas en raison directe de la so-
lidité des placements financiers. Il est juste d'ajouter
que, si des mécomptes ont été éprouvés, la confiance
du public dans les grandes entreprises commerciales
et industrielles n'a pas été sans fruit, pour la prospérité de notre nation, et que des établissements
sérieux se sont fondés, grâce à l'extension vraiment
extraordinaire, à laquelle le crédit est arrivé de nos
jours. Mais il n'en reste pas moins avéré que de nombreuses déceptions ont été subies, sans compter
celles que l'avenir semble réserver. L'État lui-
même avait suivi le courant général. Pour donner aux travaux publics, aux armements de guerre
un développement que l'on s'accordait à trouver inu-
sité en même temps que dangereux, les emprunts
se succédèrent sans interruption. Les petites épargnes au lieu d'aller féconder l'industrie passèrent
très-rapidement, il est vrai, dans les caisses publiques et allèrent couvrir des dépenses que tout
observateur sensé considère comme improductives.

Il est facile de prévoir le danger que renfermait une telle situation, ainsi que de rattacher en partie, à un pareil système économique, la stagnation qui l'a suivie.

Ce qui rendait, d'ailleurs, cet état de choses plus funeste, c'est que le petit industriel, le petit commerçant n'ont nulle chance de trouver des avances chez les banquiers, qui, avec une prudence certainement louable, exigent une garantie matérielle de beaucoup supérieure à l'importance du prêt qu'on sollicite d'eux. Or, l'ouvrier n'a le plus souvent, disons mieux, n'a toujours qu'une garantie morale à offrir; autant avouer qu'il n'en possède aucune.

Les obstacles sont nombreux, ainsi qu'il n'est pas difficile de le comprendre, et un seul fait pris entre mille nous prouvera les conséquences fatales qui en résultent. M. Horn, le célèbre économiste, qui sut mettre à nu, à une époque difficile, avec tant d'éloquence et de vérité, la plaie financière qui rongeait le second empire, nous apprend que les canuts lyonnais paient de l'indépendance de toute leur vie, l'absence du crédit qui leur permettrait d'acquérir un métier dont ils rembourseraient la valeur dans trois années, et sans s'imposer plus de privations qu'ils n'en éprouvent actuellement. Ce fait nous paraît significatif et digne d'être livré aux méditations de ceux qui s'intéressent au sort des classes laborieuses.

Parmi nos institutions, si parfaites que toute l'Europe nous les envie (cliché officiel), quelle est donc celle qui se présente au travailleur pour améliorer son sort, pour l'arracher au découragement qui l'étreint quand il ne voit en perspective qu'une position précaire au prix d'un travail constant? Nous avons formulé notre pensée sur les sociétés de secours mutuels, signalé les entraves que la loi apporte aux services qu'elles sont susceptibles de rendre; dirigeons donc nos regards vers le Mont-de-Piété. Voilà la banque du crédit aux travailleurs en France, et qu'on ne dise pas qu'elle n'est pas la Providence de l'ouvrier puisque, moyennant un intérêt de 10 à 12 pour cent, il peut emprunter à cet établissement philanthropique, à la simple condition d'y déposer en garantie son linge, ses vêtements, et, au besoin, son lit et ses outils.

Ce n'est pas que nous demandions l'intervention de l'État dans cette circonstance plus que dans tout autre; mais ce que nous nous sentons le droit et le devoir de réclamer devant un fait aussi navrant, c'est que l'ouvrier devienne le maître de sa destinée sans que la police correctionnelle vienne le saisir quand il brise les liens qui en font un ilote dans la société. Quelle est la raison d'État qui puisse prévaloir contre cette lèpre hideuse, le paupérisme?

Donc, assez de phrases à effet, et que l'on transforme nos lois sur l'association, afin que le règne de la justice soit inauguré une bonne fois.

Relativement à l'apprentissage, les avantages du Crédit sont aussi très-sensibles. Faute d'une avance de 3 à 400 fr., les enfants qui se destinent à l'industrie perdent en général trois années uniquement consacrées à satisfaire les caprices des patrons, souvent peu soucieux de former d'honnêtes et habiles ouvriers. Au bout de ce temps, l'apprenti, qui, s'il eût été aidé par ses parents, serait en état de subvenir aux nécessités de son existence, commence réellement à s'adonner à un travail sérieux, et ce n'est ordinairement qu'après six, sept ou huit années, que le prix de sa journée suffit à sa nourriture et à son entretien. Trois années de privations pour la famille, d'épreuves stériles pour l'apprenti, et tout cela au bénéfice du patron, et parce qu'on ne pouvait se procurer 3 ou 400 fr., que le jeune ouvrier eût remboursés la quatrième année sur le produit de son premier travail salarié.

Nous n'avons énuméré que quelques faits de nature à prouver l'utilité, la nécessité, l'indispensabilité du Crédit, afin d'appeler le travailleur, souverain par le suffrage universel, à une existence meilleure, et, conséquemment, plus digne et plus morale, plus conforme, en un mot, au rôle qui lui est dévolu dans un État démocratique. Cet exposé, si sommaire qu'il soit, nous paraît suffisant pour le cadre de notre étude, et nous aborderons maintenant la question des banques d'avance, auxquelles M. Schulze-Delitzsch a attaché impérissablement son nom.

VII

La constitution des Banques d'avance repose sur le même principe que les sociétés de consommation dont nous avons fait connaître le fonctionnement, Ici, comme pour l'alimentation, c'est la réunion des intérêts populaires qui remédie à l'impossibilité pour le travailleur de trouver, le cas échéant, un crédit qui augmente notablement ses moyens de production.

Le capital des sociétés de crédit au travail se compose : 1° des droits d'entrée que paient les so-ciétaires et qui ne dépassent pas généralement 1 fr. 25 ; 2° des cotisations mensuelles qu'ils s'enga-gent à verser jusqu'à ce qu'ils aient acquitté le montant d'une action dont le chiffre est déterminé par les statuts de chaque société ; 3° des sommes que les bailleurs de fonds, non sociétaires, déposent dans les Banques populaires.

Les actions sont ordinairement de 60 fr., payables par versements mensuels de 0,25 au minumum. Il est loisible à chaque société d'élever sa cotisation et de parvenir de la sorte, à posséder un nombre d'actions en rapport avec les sommes qu'il a souscrites.

Jusque-là, rien n'empêche l'ouvrier de faire partie d'une association de cette nature, car il n'en est pas un pour lequel un taux de souscription aussi minime soit un obstacle sérieux. Mais, nous objectera-t-on, l'ouvrier n'est pas en droit d'attendre beaucoup d'institutions aussi modestes, et son sort n'en saurait être que bien faiblement amélioré. Cet argument ne manque pas de justesse, mais qui ne voit que si de telles dispositions ont été adoptées, c'est dans le but de n'écarter personne de la coopération, et surtout dans celui de propager au sein des classes laborieuses les habitudes d'ordre, de travail, d'économie, sans lesquelles elles auraient tort d'aspirer à un meilleur sort.

En effet, quel est le sociétaire qui, une fois entré dans la voie de l'épargne, ne s'y engagera résolû-ment, stimulé par l'exemple de ses coassociés, par les résultats que les plus rangés d'entre eux auront obtenus ?

Puis les pessimistes semblent oublier que l'argent attire l'argent, et qu'aussitôt un fonds social réalisé, les petites épargnes afflueront dans ces caisses populaires, guidées par l'espoir d'un intérêt raisonnable. Ces nouveaux versements permettront aux Banques d'avance d'agrandir le clercle de leurs opérations, de venir en aide à un plus grand nombre d'ouvriers, pour lesquels un crédit consenti en temps opportun est, comme nous l'avons prouvé dans notre dernier article, un instrument précieux d'indépendance, d'aisance relative et, conséquemment, de moralité.

Ces hypothèses sont, au reste, confirmées par la statistique. Sans nous servir encore de ce moyen infaillible de persuasion, disons quelques mots des conditions que l'ouvrier doit remplir pour emprunter à la société, dont il n'est reçu membre qu'après avoir acquitté la totalité d'une action, soit à l'aide de ses cotisations, soit par le secours des intérêts que ses premiers versements ont produits.

L'ouvrier ne peut emprunter sur sa garantie personnelle que jusqu'à concurrence de son avoir dans la société. Si une somme plus forte lui est nécessaire, il a recours à un de ses coassociés, qui répond sur ses propres fonds du remboursement du supplément de prêt. Il est cependant quelques établissements de crédit populaire en Allemagne qui prêtent sur la seule garantie de l'emprunteur une somme de moitié plus élevée que celle déposée en compte courant.

Les sociétés dont il s'agit ont aussi fixé une limite pour l'importance des prêts consentis à chaque sociétaire. La banque de Delitzsch stipule un minumum de 11 fr. 25 (3 thalers) et un maximum de 3,750 fr. (1,000 thalers.)

Nous croyons inutile de mentionner d'autres règles dues aux leçons de l'expérience, et qui concourent utilement à la prospérité des banques populaires, quoique ne s'appliquant qu'à des détails d'ordre intérieur.

Nous passerons plutôt au résumé que M. Horn fit, en 1862, des opérations des sociétés coopératives de crédit en Allemagne :

« Sur 511 banques démocratiques, 243 avaient envoyé à l'agence centrale leur compte d'opérations. Ces 243 banques comptaient 69,202 sociétaires, dont les bonis s'élevaient à 4,498,290 fr., et les versements volontaires ou dépôts à 10,313,315 fr. Le fonds de réserve était de 498,350 fr., et le capital emprunté de 12,903,875 fr. Les fonds dont ils disposaient s'élevaient donc à 27,715,480 fr. Les avances faites aux sociétaires atteignaient, par suite du renouvellement du capital, le chiffre de 88,778,480 fr., et avaient rapporté 1,772,490 fr. en intérêts et provisions. De leur côté, les banques avaient payé 1,031,970 fr. en intérêts, 402,300 fr. en frais d'administration, et réalisé un bénéfice net de 404,800 francs. »

« Qui pourrait dire, s'écrie M. Horn, la somme de bonheur que peut créer, la somme de misères que peut prévenir un capital de 89 millions ainsi réparti, dans le courant d'une année, en prêts aux ouvriers, aux petits fabricants et commerçants? Qui pourrait établir le compte des pertes que subissent ces classes si dignes d'attention, les bonnes occasions qu'elles doivent laisser échapper, uniquement parce qu'on leur refuse le modeste crédit dont elles auraient besoin, tantôt pour se soutenir dans des moments difficiles, tantôt pour étendre leur action dans des moments favorables?

» Ce crédit, si difficile à obtenir, la Banque d'avance le leur fait trouver de la manière la plus sûre, la plus facile et la plus honorable : la plus honorable, puisque c'est de leurs propres épargnes et du produit de leur crédit collectif que se compose le fonds auquel les sociétaires empruntent; la plus facile, puisque la Banque n'exige que la cosignature d'un ami, d'une connaissance; la plus sûre, puisqu'elle ne refuse presque jamais le crédit que méritent l'honorabilité et la solvabilité du demandeur. »

Et plus loin :

« Quand on pense que 89 millions de francs, sortis dans l'année des caisses de 243 banques populaires, ont été prêtés à des personnes qui autrement ne trouvaient aucun crédit, ou ne l'obtenaient qu'aux conditions les plus onéreuses; que les établissements qui distribuaient aux classes laborieuses ce beau crédit de 89 millions, ont tous été créés et sont tous gérés par les travailleurs sociétaires eux-mêmes, sans aucun concours pécuniaire ou autre, soit de l'État, soit des classes qui se disent supérieures ; que les 28 millions de francs constituant le fonds de roulement de ces 243 banques d'avance appartiennent pour la plus grande moitié aux sociétaires, qui hier peut-être ne possédaient rien, et sont pour l'autre moitié empruntés sur le crédit collectif de personnes à qui individuellement on n'aurait rien prêté, on reconnaîtra volontiers que les banques d'avance ont déjà réalisé des merveilles que naguère on aurait jugées impossibles, et qu'elles sont destinées à exercer l'influence la plus heureuse et la plus féconde sur la situation morale et matérielle des classes laborieuses. »

On nous prêche sans cesse de nous désintéresser de la politique, et les esprits flottants, irrésolus, se rangent volontiers à cette opinion, qui n'est pas désintéressée, elle. Si la plupart de ceux qui, par leur indifférence ou leur complaisance, contribuent à retarder l'accomplissement de réformes indispensables se donnaient la peine de descendre au fond des choses, d'examiner sérieusement et impartialement les funestes effets des lois préventives, il est hors de doute que les choses changeraient promptement de face.

Aussi, pour tout citoyen qui envisage sous son vrai jour l'ordre social actuel, il n'est rien qui soit susceptible d'alarmer la raison, de blesser la conscience, comme la façon dont le suffrage universel est pratiqué. Ces électeurs ruraux marchant au scrutin sous le commandement de quelques notables, d'un ministre du culte catholique désertant ses devoirs sacrés pour se mêler aux agitations politiques qui dénaturent son respectable caractère, ces électeurs devraient réfléchir mûrement avant de déposer dans l'urne leur bulletin de vote. S'ils sont incapables de discerner le candidat qui représente leurs aspirations, il leur faudrait du moins résister à toute pression et se résigner momentanément à l'abstention. Ce serait infiniment plus digne et plus profitable au bien public que de servir d'instrument à des intrigues inavouables.

Où trouver une preuve plus convaincante de la né-

cessité de certaines réformes que dans la certitude
que les banques d'avance ne sauraient prendre dans
notre pays l'extension qu'elles ont acquises en Allemagne? Comment! 243 sociétés pourvues d'une agence
centrale, 69,000 sociétaires unis par les mêmes liens
d'intérêt, repoussant tout concours de l'État! Mais
y songe-t-on? ce serait l'abomination de la désola-
tion, et les agents préposés à la conservation de
l'ordre public ne dormiraient plus que sur une
oreille, attentifs nuit et jour aux faits et gestes de
ces 69,000 ouvriers convertis en autant de conspira-
teurs supposés.

Voilà les bienfaits que nous procure une législation ombrageuse, portée, par esprit de défiance, à
considérer chaque citoyen comme un ennemi qu'il
faut craindre et surveiller.

Oui, électeurs, telles sont les questions capitales
que vous êtes appelés à résoudre dans le sens du
bien-être et de la véritable grandeur du pays. Voyez
donc combien votre insouciance devant le scrutin est
impardonnable et coupable, et combien elle retarde
le jour où la France sera comme l'Angleterre, l'Allemagne, la Belgique, la Suisse, en possession de ses
libertés publiques!

Cependant, nous avons fait un premier pas dans
la voie si brillamment parcourue en Allemagne;
mais on constatera que les résultats qui en ont été
les fruits sont loin d'avoir acquis le développement
qu'on devait espérer.

Nous examinerons, pour l'établir sans conteste,
le résumé des opérations de la *Société du Crédit au
Travail,* dont le siége est situé à Paris, rue Ma-
gnan, 20.

VIII

Dans une petite brochure ayant pour titre : *Qu'est-ce que la Société du Crédit au Travail?* écrite par M. Beluze, directeur-fondateur de cette société, nous trouvons l'explication suivante du principe qui a donné naissance à la Banque populaire parisienne.

« Voici un ouvrier en chambre. Il lui faudrait 200 fr. pour acheter des matières premières, quelques feuilles d'acajou, quelques morceaux de cuivre, et il n'a pas 20 fr. dans sa bourse. Après avoir couru à droite, couru à gauche, après avoir parlé à monsieur un tel, puis à monsieur un tel, il finit par trouver un fournisseur qui lui livre pour 225 fr. et à trois mois de crédit les marchandises qu'au comptant il lui aurait passées à 200 fr. Les 25 fr. supplémentaires équivalent à un intérêt annuel de 50 0/0, ni plus ni moins. Est-ce à dire que ce marchand est un usurier? — Pas le moins du monde; car il eût préféré vendre son bois au comptant, sachant déjà, par plus d'une expérience, ce qu'on risque à faire crédit. Il raisonne ainsi : cet ouvrier est gêné; sa situation peut ne pas s'améliorer de si tôt; — quinze jours d'hôpital pourraient l'endetter pour longtemps, le ruiner pour toujours; — l'atelier n'est pas assuré contre l'incendie, la fourniture peut être engagée au Mont-de-Piété ou saisie par le propriétaire. Que d'accidents peuvent arriver à cette malheureuse créance! Je suis bien bon, vraiment, de n'évaluer mes risques qu'à 25 fr. »

Enfin, voilà la matière première emportée, puis mise en œuvre. Il ne s'agit plus que de vendre le produit fabriqué, et ici se dresse une nouvelle difficulté, car l'ouvrier peut frapper à plusieurs portes sans trouver ou l'écoulement de son meuble, ou l'offre d'un prix rémunérateur.

« Cependant, continue M. Beluze, rien qu'avec 2 ou 300 fr , notre ébéniste eût économisé d'abord 50 0/0 sur les fournitures, ensuite beaucoup de rongement d'esprit, puis les quelques jours de travail qu'il a perdus en quémandant par-ci, par-là ; en un mot, au lieu d'une mauvaise affaire, il en eût fait une bonne.

» Dans cette situation, la société du Crédit au Travail vient dire à l'ouvrier : Vous êtes honnête, on me l'a dit ; vous êtes intelligent ; vous savez bien votre métier. Vous avez autour de vous des clients ou camarades qui vous veulent du bien. Qu'ils me disent ou m'écrivent : un tel est bon pour 300 fr. ; s'il veut les emprunter, c'est qu'il peut les rendre. En cas d'accident, nous sommes tous et chacun responsables de cette somme.

» Ça me va ! dit l'ouvrier. — Il va donc parler à trois de ses amis, qui consentent à garantir solidairement son emprunt. Le gérant de la société ouvre alors sa caisse, il en tire 300 fr. :

« Mon brave, je vous les prête pour trois mois ; il » n'y a pas de quoi me remercier, c'est moi qui suis » votre obligé. »

La Banque française de Crédit populaire fonctionne donc, à peu de chose près, comme les sociétés allemandes. C'est ici comme là le cautionnement réciproque qui garantit le remboursement des avances. Pourquoi donc ces associations, si utiles au bien-être des classes laborieuses, n'ont-elles pas réussi à acquérir en France le degré de prospérité qu'elles ont atteint en Allemagne?

Nous l'avons dit, redit, et nous ne cesserons de le répéter, parce que les diverses lois relatives aux sociétés, pour la plupart décrétées à une époque où les transactions industrielles et commerciales, le développement du crédit, les associations nombreuses de petits capitaux, ne semblaient pas devoir prendre l'essor immense que l'on constate aujourd'hui; parce que ces lois, élaborées dans un temps d'opérations très-restreintes, viennent malencontreusement s'opposer à la réalisation des aspirations légitimes du travailleur.

Pour être juste, il faut avouer aussi que les habitudes de désordre des ouvriers empirent ce fâcheux état d'infériorité. Nous avons néanmoins la certitude que si une somme plus complète de liberté pénétrait dans les lois qui touchent à l'association, la contagion de l'exemple diminuerait très-sensiblement le nombre de ces déshérités, qu'il ne faut pas être trop prompt à blâmer, car plusieurs d'entre eux ne doivent qu'au découragement d'avoir contracté les goûts pernicieux qui viennent ajouter à leur malheureuse destinée.

Ici le devoir de tout bon citoyen consiste à vouloir que le peuple soit relevé au moyen de l'instruction, cet indispensable baptême de l'homme social. Qu'on présente à la foule moins de divertissements coûteux et niais, qu'on excite moins ses instincts de militarisme dont elle vient, hélas! d'être si cruellement punie; que la commission de colportage n'en-

trave plus la circulation des livres fortifiants et sérieux, que l'instituteur primaire soit rétribué selon
l'importance du rôle, sans contredit un des plus éle-
vés, qu'il remplit dans la société, et l'on aura fait
ainsi un grand pas dans la voie du progrès.

Pourrons-nous enfin comprendre que, pour guérir
nos douloureuses plaies extérieures et intérieures, il
est nécessaire, indispensable, que nous nous livrions
résolûment aux luttes pacifiques en faveur du progrès de nos institutions sociales et politiques, à de
salutaires tournois au profit de l'instruction publique.

Cette puissance toute morale ferait beaucoup à
notre sens pour notre sécurité intérieure et extérieure,
et de même qu'au dix-huitième siècle les hommes
d'État de toute l'Europe étaient attentifs au mouvement philosophique qui se produisait en France, pré-
ludant aux événements mémorables de 1789, de
même ces peuples étrangers échappant au joug des
préjugés qui les accablent, suivraient, avec un sym-
pathique recueillement, l'éclosion si longtemps retardée des germes féconds de liberté et de démocratie
que l'immortelle Révolution a semés dans le monde
entier.

Vous voilà bien loin, dira-t-on, de la Société du
Crédit au travail. Il est vrai que nous avons à nous
faire pardonner cette digression, laquelle ne sera
point complétement superflue, si elle a réussi à établir que l'effet le plus modeste découle d'une cause
générale, et qu'il en est des États comme du corps
humain. Quand l'économie générale de ce dernier est
troublée dans son essence, toutes ses parties s'en
ressentent, quoique le siége du mal puisse être de
préférence indiqué.

M. Casimir Périer, le fils de l'illustre orateur de la Restauration, précise en ces termes, dans sa brochure sur les sociétés de coopération, les obstacles nombreux que la loi apporte à la propagation de ces associations :

« La loi du 23 mai 1863 sur les sociétés à responsabilité limitée (lisez sociétés. anonymes depuis la loi de 1865), n'a presque rien fait dont puissent profiter les sociétés de coopération. Elle ne dispense de l'autorisation exigée par l'article 37 du Code de commerce que les sociétés commerciales qui observent les dispositions des articles 29, 30, 32, 33, 34, 36 et 40 de ce code. Le capital doit être divisé en actions cessibles. Cela est contraire au principe de la plupart des associations, cela est tout à fait impossible pour les sociétés coopératrices de crédit et de travail, qui doivent, en raison de la mutualité et de la solidarité, rester libres d'accorder ou de refuser l'admission dans leur sein. La loi ne permet pas la division en actions ou coupons d'actions de moins de 100 fr., lorsque le capital n'excède pas 200,000 fr. ; de moins de 500 fr., lorsque le capital est supérieur. Elle ne permet la constitution des sociétés qu'après le versement du quart au moins du capital souscrit. Les dispositions de ces deux articles s'opposent à la formation graduelle du capital par cotisations successives, ce qui est la base fondamentale des sociétés de coopération, pour qu'elles soient accessibles à tous. En outre, le minimum des coupures d'actions est porté trop haut, et l'obligation du versement préalable du quart du capital souscrit équivaudrait souvent à une interdiction. La loi impose aux administrateurs l'obligation d'être propriétaires, par parts égales, d'un vingtième du capital social, ce qui, dans les associations nombreuses, empêcherait de composer le conseil d'administration, ou pourrait en exclure les membres les plus capables. Ce que je dis suffit pour montrer que l'association de Rochdale et aussi celles d'Allemagne auraient été impossibles en France, »

Voilà qui est nettement jugé.

Il est bon d'ajouter que la loi de 1863 n'a pas eu pour les sociétés coopératives tous les mauvais effets prévus par M. Périer. M. Beluze a eu recours à un autre mode d'association. Toutefois, on conviendra bientôt que la combinaison adoptée renferme des inconvénients que n'eût pas occasionnés la responsabilité limitée dégagée des restrictions qui l'entourent.

IX

Dans le but de faire fructifier les cotisations de la *Société du Crédit au travail* dès leur versement dans sa caisse, M. Beluze a adopté le régime de l'association en nom collectif pour lui-même et en commandite à l'égard des souscripteurs. Ce mode de constitution présente deux inconvénients qui ne pourraient se produire dans les pays libres. Le premier soustrait la nomination du gérant à l'assemblée des actionnaires, le second engage démesurément la responsabilité de M. Beluze. Au moyen d'une société en responsabilité limitée, exempte de restrictions légales d'un caractère spécial, les actionnaires posséderaient le droit naturel de nommer le directeur de leur banque coopérative, de confier ces importantes fonctions à celui qu'ils jugeraient réunir les sérieuses qualités que ces fonctions exigent. Voilà pour le premier cas. Relativement au deuxième, M. Beluze, qui eût certainement été redevable à sa capacité notoire du titre de gérant de la Société du Crédit au travail, n'aurait été engagé dans les opérations que jusqu'à concurrence de sa mise de fonds.

Mais là ne réside pas tout le mal. Il faut encore reconnaître que les hommes d'initiative comme M. Beluze n'abondent pas, et que, si les bénéfices légitimes de l'entreprise qu'il dirige sont entrés pour une bonne part dans sa résolution, il a fallu au gérant de la Société du Crédit au travail un sincère attachement aux intérêts des classes laborieuses pour vaincre toutes les difficultés inhérentes à une fondation de cette espèce.

Tel est le troisième obstacle, incontestablement très-sérieux, qui s'oppose à ce que notre pays s'élève au rang de plusieurs nations voisines au point de vue des institutions économiques favorables au bien-être des travailleurs.

On voit que ce ne sont point là des arguments factices, inventés à plaisir pour les besoins de la cause, car on peut aisément se convaincre que nos déductions reposent sur des faits indiscutables, que nous appuierons, pour mieux les mettre en évidence, sur les affirmations de la statistique, ce criterium des problèmes économiques.

Le *Siècle* a publié, en 1868, le résumé des opérations de la Société du Crédit au travail. Nous allons extraire de ce rapport les chiffres suivants dont nous nous permettrons de tirer ensuite des conclusions logiques et irréfutables :

« La Société du Crédit au travail a inscrit, dans le

courant du mois de juillet, 10 nouveaux souscripteurs pour un capital de 3,500 fr.; les versements
des commanditaires anciens et nouveaux ont été
pendant le mois de 3,826 fr. 50.

» Elle a reçu en comptes courants et bons de
caisse.... .... 936,396 fr. 10

  » Elle a rembousé........... 920,166   93

» Elle a escompté pendant le mois, soit aux associations coopératives de production, soit à ses associés, 2,233 effets représentant une somme de 1 million
140,320 fr. 32 c.

» Au 31 juillet, le nombre des commanditaires était
de 1922 ayant souscrit un capital de 385,169 fr. »

Avant de commenter ces indications, il faut rap-
peler que 243 banques seulement sur 511 avaient envoyé en 1862, à l'agence centrale allemande, le résumé de leurs opérations, lesquelles constataient
qu'une somme de 89 millions avait été distribuée en
prêts aux travailleurs. Or, un simple calcul de proportion nous permet d'évaluer à 130 millions l'importance totale des avances, tandis qu'en admettant
les chiffres donnés par M. Beluze, et en supposant
que le mois de juillet offre la moyenne des opérations
mensuelles (ce qui est douteux, vu qu'en hiver le
travail se ralentit et nécessite ainsi moins d'avances) la Société du Crédit au travail, la seule qui
existe en France, serait, vis-à-vis des banques allemandes, dans la proportion de 12 à 180.

Il est, croyons-nous, inutile de s'appesantir davantage sur un parallèle qui prouve d'un façon pé-
remptoire notre infériorité.

Et ce qui augmente notre tristesse, c'est que l'Allemagne ne nous devance pas uniquement par ses

progrès économiques. L'instruction y est aussi beaucoup plus développée qu'en France, l'industrie et le
commerce y prospèrent. Pas ses annexions de 1866
la Prusse était devenue très-forte. Ses dernières vic-
toires sur notre malheureuse patrie ont encore dé-
veloppé une puissance redoutable.

Mais l'instrument du salut est dans nos mains. Il
nous faut hardiment revendiquer l'héritage de 89,
réduire nos dépenses, répandre à flots l'instruction,
briser les liens qui enchaînent l'industrie et le commerce. Alors on verra l'essor que prendra la France.
Entièrement consacrée aux œuvres de la paix, assurée du lendemain, qui est aujourd'hui troublé par des
défiances continuelles auxquelles malheureusement
les faits viennent donner une forte apparence de raison, notre pays laissera loin, bien loin derrière lui,
les autres nations.

Qu'attend-on pour réaliser ces réformes? L'expérience dans ses enseignements inexorables nous a-t-
elle fait défaut? n'entrevoit-on pas les conséquences
fâcheuses, pour ne point les qualifier autrement, qui
sont au bout de la voie que nous parcourons? Pourquoi temporiser encore? Quelles sont les considéra-
tions mesquines que l'on pourrait invoquer contre
un changement salutaire impérieusement réclamé?

X

La révolution de 1789, en abolissant les corpora-
tions, les jurandes, les maîtrises, ces liens surannés
qui emprisonnaient l'industrie, restitua au travail la
liberté qui lui a permis de prendre son immense essor. L'initiative individuelle, fortement excitée pa

l'ordre de choses nouveau, put s'exercer sans limites, après que les troubles de la République et les
désastres de l'Empire eurent fait place au calme et à
la sécurité qui seuls attirent les progrès et le développement des entreprises industrielles.

Sur ces entrefaites, une révolution entièrement
étrangère à la politique et à l'économie sociale trans-
formait à son tour les conditions de l'industrie. La
vapeur, domptée par le génie humain, apportait un
concours d'une puissance formidable, mais alarmait,
en même temps, les nombreux travailleurs qui se
voyaient déjà voués à l'inactivité en présence des
services que promettait leur [redoutable concurrent.

Ce fut alors un cri unanime contre cette admira-
ble découverte. En vain les esprits clairvoyants et
sensés s'élevèrent-ils contre ces clameurs égoïstes :
le préjugé fut lent à détruire, et ce n'est que d'une
façon insensible, grâce aux efforts multipliés de la
raison publique, aux convaincantes leçons de l'expérience, que la plupart des ouvriers ont compris
enfin qu'ils étaient impuissants dans leur lutte contre le progrès ; qu'en réalité l'introduction des machines à vapeur avait pour effet de livrer à la consommation des quantités inombrables de produits,
d'en abaisser conséquemment la valeur, de les mettre à la portée de tous et de nécessiter l'emploi, con-
sidération capitale, d'autant de bras, puisque en admettant, au bas mot, que la production décuplât,
que les moteurs y entrassent pour les neuf dixièmes,
le travail de tous était également assuré.

Même aujourd'hui, toutes les préventions des ouvriers à l'égard du travail mécanique n'ont pas dis-
paru, et, il y a quatre ans environ cinq membres du

congrès de Bruxelles ont formulé, contre les machines à vapeur, des réquisitoires qu'une connaissance approfondie des lois économiques eût certainement fait juger inutiles et dangereux.

Nul ne conteste à l'ouvrier la faculté d'accroître son bien-être, de se soustraire, par son intelligence et sa volonté, aux atteintes de la gêne et de la misère, de réclamer, dans la mesure de la justice et de la modération, une équitable répartition de la valeur des produits. Mais ce que nous nous croyons fondé à lui défendre, ce que lui interdit formellement la société, c'est de subordonner à son intérêt personnel l'intérêt tout aussi respectable d'autrui.

Cette tyrannie est aussi peu justifiable qu'une autre, et, outre que nous n'hésitons pas à qualifier de sacrilége la destruction d'un agent puissant de civilisation au profit de préjugés qui ne résistent pas un instant à la discussion ni à l'évidence des faits, nous refusons catégoriquement à qui que ce soit d'imposer au consommateur un surcroît de charges qu'une invention utile et bienfaisante est en mesure d'épargner.

D'ailleurs, l'ouvrier ne profite-t-il pas lui-même des progrès que, dans un moment d'aveuglement, il a eu la pensée d'enrayer. Prenons pour exemple un ouvrier en soie. S'il ne consomme pas les produits de son industrie, ses vêtements sont de laine, la toile est à son usage. Eh bien! si par suite de l'intervention des machines, les étoffes de laine ont considérablement diminué de valeur vénale, si le linge qui est indispensable à cet ouvrier lui coûte beaucoup moins, n'en retire-t-il pas un avantage?

Non, assurément, la position précaire qu'il subit,

n'est pas l'effet des progrès de l'industrie, au contraire. Elle est due à d'autres causes, parmi lesquelles nous rangerons en première ligne le mode de
constitution du travail, ce qui va nous permettre de
rentrer de plain-pied dans le sujet que nous nous
efforçons de traiter avec sincérité et clarté.

Autrefois, avant la formation des grands ateliers,
des manufactures immenses, des usines gigantes-
ques, l'ouvrier tout en s'adonnant au labeur qui as-
surait son existence, ne cessait pas de vivre en famille. De plus, la division du travail, ce procédé infaillible pour atteindre les dernières limites de la
perfection et du bon marché, n'en faisait pas l'ac-
cessoire d'une machine, un rouage, ne le livrait pas
pieds et poings liés à la discrétion du maître. En-
treprenait-il un ouvrage, il suffisait seul pour le con-
duire à bonne fin et son indépendance, c'est-à-dire
son bien le plus précieux, ne souffrait pas de dimi-
nution. Il y gagnait en bien-être, en contentement
intérieur, en moralité.

Ce bonheur est bien rare pour lui de nos jours.
L'usine, la manufacture, l'atelier, le prennent le ma-
tin et ne le rendent que le soir, accablé de lassitude,
ayant été privé toute la journée du sourire de sa
femme, des caresses de son enfant, cet ange du
foyer. On finit bien par se divertir à l'atelier, mais
de quelle façon, et qu'on peut hardiment affirmer
qu'autant les douces et saintes joies de la famille
sont fortifiantes et salutaires, autant les propos mo-
queurs et licencieux qui ne respectent même pas
l'extrême jeunesse, jettent des germes de démorali-
sation dans l'esprit et dans le cœur de l'ouvrier.

Au premier abord, ces graves inconvénients ne

semblent être qu'une fatale conséquence de l'industrie moderne et l'on peut en déduire que si les craintes du travailleur à l'égard du chômage que devait infailliblement amener l'emploi des machines n'étaient pas fondées, sa situation est loin d'être en harmonie avec les progrès de nos institutions sociales. Quoi de plus dérisoire en effet que cette antithèse qui fait de l'ouvrier un souverain par le suffrage universel, tandis qu'au point de vue industriel, il n'est que l'humble serf de puissantes compagnies, aidées de capitaux immenses, pourvues d'un matériel qui se chiffre par des centaines de mille francs, armées en un mot de tous les moyens d'inonder les marchés français et étrangers de produits d'une fabrication irréprochable et d'un bon marché fabuleux !

Le prolétaire ne se serait-il affranchi de l'oppression des priviléges sociaux que pour retomber dans une servitude plus intolérable? Ne lui reste-il aucun espoir d'échapper au nouveau joug qui le menace, que disons-nous, qui l'étreint déjà et dont les effets désastreux ne peuvent que grandir jusqu'au point de constituer une féodalité industrielle pire que celle contre laquelle osa se mesurer le grand Richelieu?

Quant à nous, si nous croyons au mal, à l'imminence de ses progrès, nous pensons aussi qu'il n'est pas irréparable !

Mais quels remèdes apporter à cette situation? Ils ne sont pas d'un ordre surnaturel et nous allons tenter de les exposer.

XI

Les remèdes au mal dont nous avons entretenu le
lecteur ne sont pas d'un ordre surnaturel, avons-nous
dit, et cela est absolument exact. Les sociétés coopératives de production sont là pour l'affirmer hautement. Que fallait-il opposer à l'association de capitaux qui permet la fondation d'établissements si
funestes au travailleur sous le double rapport de son
bien-être moral et matériel? L'association. Mais ici
encore se fait sentir la nécessité d'élargir les dispositions de la loi, de proclamer la liberté complète d'association, sans laquelle les sociétés coopératives, soit
de consommation, soit de crédit ou de production,
ne sont l'effet que de la tolérance, ce système que
paraissent tant affectionner les gouvernements et
qui explique surabondamment, selon nous, l'état de
malaise et d'incertitude qui se produit dans les idées
et dans les faits.

Nous avons exposé les moyens d'action employés
par les ouvriers de Rochdale pour mener à bonne fin
leur société de consommation. On a pu constater le
succès obtenu et juger par là de la puissance désormais incontestable du principe d'association. Nous
prendrons encore pour exemple la même société dans
l'ordre de la production.

« En 1850, dit M. Eugène Véron, un certain nombre d'ouvriers de l'association de Rochdale se con-
certèrent pour fonder un moulin. Ils purent réunir
(grâce aux ressources de leur première société),

10,000 fr. qui leur servirent à louer et à réparer un moulin hors de service et à commencer leurs opérations. Comme à l'époque de la fondation du Magasin, ils essuyèrent dans le principe des pertes assez considérables, dues à des vices de construction et à leur inexpérience de cette nouvelle exploitation. Mais ils ne se laissèrent pas plus décourager cette fois-ci que l'autre, et leur persévérance trouva bientôt sa récompense. Au bout de quelques années, ils furent en état de consacrer 125,000 fr. à la construction d'une usine mieux organisée, qu'ils ont pourvue des machines les plus perfectionnées, et qui chaque semaine livre à la consommation 1,700 sacs de farine, de gruau, etc. Les bénéfices sont partagés entre les acheteurs, qui sont principalement le Magasin et les membres de la Société-Mère ou de celles qui en sont sorties. C'est lui qui approvisionne les boutiques coopératives des villes et villages voisins à plusieurs milles à la ronde.

» Deux ans plus tard, les mêmes hommes formèrent une nouvelle association pour fonder une filature. Ils travaillèrent d'abord (1852-1856) dans des ateliers qu'ils louèrent dans les différentes parties de la ville. Ils se trouvèrent bientôt en état de construire à leurs frais une grande usine, aux portes de Rochdale, sur un terrain loué par emphytéose pour 99 années. Elle leur a coûté plus d'un million de francs, qui ont été payés jusqu'au dernier sou avant l'inauguration de la nouvelle manufacture, c'est-à-dire bien avant la fin de 1866. Cette usine, construite sans l'intervention d'aucun architecte, est une des mieux disposées qu'on puisse voir pour la ventilation et la salubrité. Quand à l'outillage, il se compose de ce que la mécanique a organisé jusqu'à ce jour de plus parfait.

» Cette première usine n'était pas achevée qu'ils jetaient déjà les fondements d'une seconde, qu'ils ont pu terminer malgré la crise de 1857-1858. »

Cette citation nous semble concluante, et sans mettre en relief les avantages de toute nature que d'autres sociétés, telles que celles de Leeds, Breadford, Halifax, Bury, etc., ont réalisés, on peut hardiment avancer que le problème de l'association est résolu, que le fantôme du communisme sous toutes ses formes ne viendra plus troubler sérieusement nos transformations politiques et qu'il nous est dès lors permis d'espérer, dans un avenir prochain, la possession de toutes les libertés sans lesquelles un peuple marche à pas comptés vers une irrémédiable décadence.

Mais il ne faut point se dissimuler que les améliorations politiques ne suffiront pas seules à émanciper le travailleur. Il est tout aussi nécessaire qu'il se rende digne de la liberté par l'exercice de son initiative individuelle, qu'il sache devenir l'artisan de son indépendance et de son bonheur, qu'il délaisse les habitudes d'indolence que le salariat lui a fait contracter, qu'il revienne à des idées de justice envers le capital, envers le crédit dont naguère un congrès d'ouvriers proclamait étourdiment la gratuité; il est indispensable, pour tout dire, qu'il ne se lance point dans les sphères de l'utopie, qu'il accepte les éléments de paix et de liberté qui sont entre ses mains pour en tirer un bon usage, et qu'il ne substitue pas aux réalités avec lesquelles il doit compter, des chimères qui ne peuvent lui attirer que de tristes désillusions et de sombres découragements.

A ce prix, personne ne sera tenté d'arrêter le mouvement coopératif, et tous y gagneront en sécurité. Le temps n'est plus où toute une classe de citoyens était condamnée à voir son sort précaire à la merci de quelques hauts barons de la finance et de l'industrie. Si les classes populaires ne sont point encore entièrement soustraites à ce joug désastreux et humiliant, elles sont du moins en voie de conquérir l'indépendance, qui est une des conditions premières de leur affranchissement.

Résumons-nous : à l'association qui, à notre époque de fortunes divisées, peut seule assurer la fondation de grandes compagnies commerciales et industrielles, que l'ouvrier oppose l'association dont les diverses sociétés coopératives de Rochdale démontrent éloquemment les inappréciables bienfaits; qu'en l'absence des lois suffisamment libérales pour autoriser la formation de telles sociétés, il élève la voix en faveur de réformes reconnues indispensables, et dont le retard dans l'application nous laisse distancer par les nations voisines, lesquelles plus heureuses que nous voient entrer dans le domaine des faits, les immortels principes dont la France est le glorieux berceau.

A la division du travail, la science a porté un remède aussi. Les moteurs Lenoir, dont le gaz est l'unique consommation, dispensent d'une installation coûteuse et rendent facile l'établissement, quelque part que ce soit, de petites usines qui feront disparaître les graves inconvénients attachés à l'agglomération des travailleurs. Les machines à coudre par leur prix plus réduit de jour en jour offrent à la femme des moyens d'existence en dehors de ceux que la morale et le respect de son sexe réprouvent à la fois.

Si notre confiance dans l'avenir excite le sourire de quelque sceptique, laissons-lui le triste privilége du doute, ce ver rongeur de l'existence; quant à nous, nous sommes convaincu que le prolétaire tient entre ses mains l'instrument de sa délivrance matérielle et morale, c'est-à-dire celui qui seul le fera grandir en liberté et en dignité.

Nous complèterons cette étude en citant les principales sociétés coopératives de production qui ont pu s'établir en France, grâce à la tolérance (ce système détestable issu de l'arbitraire) du gouvernement impérial, dont les traditions funestes ne sont pas encore répudiées par le gouvernement actuel.

XII

Dans le chapitre précédent, nous mettions sous les yeux du lecteur les résultats relativement considérables, affirmés par la statistique, qu'avaient obtenus, il y a un certain nombre d'années, les sociétés de production en Angleterre. Avons-nous lieu, en France, de nous féliciter d'une situation tout au moins semblable? Il nous est impossible, malgré la fierté de notre patriotisme, de déguiser sur ce point la vérité.

Dans notre pays, qui se pique témérairement parfois d'être le premier à la tête de la civilisation, les préjugés de toute sorte sont encore vivaces, les superstitions de tout genre, qu'acceptent trop de personnes éclairées, possèdent de fortes racines, et, si l'idée coopérative est sortie des méditations sociales de nos publicistes, de l'ardent désir de l'ouvrier pari-

sien d'échapper aux conséquences navrantes du pro-
létariat, d'autres nations, frappées de l'incomparable
puissance du principe d'association, se sont hardiment empressées de le faire entrer dans le domaine
des faits accomplis. Nos travailleurs, au contraire,
arrêtés dans cette voie salutaire par les doctrines
erronées, en économie politique, des Constituants
de 1848 et par la main de fer qui personnifiait le
gouvernement du second empire, ont subi l'humilia-
tion de voir péricliter dans leurs mains l'instrument
précieux de leur régénération matérielle et morale.

Ainsi la Constituante, animée, il n'en faut point
douter, d'intentions excellentes, vota une somme de
trois millions destinée, dit M. Eugène Véron, à encou-
rager les associations de Paris et celles des dépar-
tements. Sans énumérer les douloureuses vicissitudes
qu'eurent à supporter les sociétés subventionnées
avant de mourir de leur belle mort, à l'exception
de quinze associations qui ne durent leur salut qu'à
de radicales réformes, lesquelles équivalaient certainement à une reconstitution, l'épreuve de cette
mesure, dictée bien plus par un louable sentiment
de bienveillance que par un examen impartial et
raisonné de la situation, a été concluante.

De 1851 à 1863, les sociétés coopératives existan-
tes ne furent redevables qu'à la tolérance du gouvernement de la faculté de poursuivre leurs opérations.
Un souffle mortel semblait s'être répandu sur ce ger-
me fécond d'affranchissement. Mais un peuple ne
meurt jamais, dit un couplet patriotique; aussi le
mouvement libéral qui se manifesta lors des élec-
tions générales de 1863, fut-il l'occasion du réveil
de l'idée coopérative. En moins de deux années, huit

associations nouvelles étaient fondées et quinze sociétés étaient en voie de formation. Leur situation
ne manque pas d'être prospère et, si nous avions la
satisfaction de posséder les documents relatifs aux
sociétés de coopération qui se sont créées de 1865 à
1870, nous y puiserions assurément une pensée de
consolation pour les déboires essuyés et une certitude de progrès pour l'avenir.

Avant de terminer cette étude rapide, exprimons
l'espoir de voir nos coréligionnaires politiques s'ef-
forcer de faire pénétrer dans l'esprit de tous les hommes consciencieux, de tous ceux qui sont assez sensés pour ne point s'effrayer des fantômes et des craintes chimériques et intéressées, l'amour de la liberté.

En dehors d'elle, les nations ne sauraient posséder
ni puissance, ni grandeur, ni prospérité.

Vaincus aujourd'hui sur le terrain de notre antique
honneur militaire, il est de toute nécessité, si nous
voulons échapper à une décadence qui entraînerait
celle du monde entier, de préparer les éléments d'une
revanche certaine. Nous n'atteindrons ce but, impérieusement assigné à nos efforts, qu'à l'aide de radicales réformes dans le sens de la plus complète
expansion de notre indépendance intérieure.

Nous avons voulu tenter, dans cet opuscule, de
prouver tout ce que la liberté d'association contient
des germes de régénération et de paix sociale.

Puissions-nous avoir réussi, selon nos vues, dans
la tâche que notre patriotisme nous a imposée.

2782. — Bordeaux, imp. Duverdier et Cie (Durand, directeur), rue Gouvion, 7.